Les bonbons de Maman

Le livre éducatif de cannabis pour les enfants

Par Hans Vargas

Copyright © 2021 par Hans Vargas. Tous les droits réservés.

Aucune partie de cette publication peut être reproduite, gardée dans un système de récupération, ou transmise d'aucune façon, ou d'aucun moyen, électronique, mécanique, photocopie, film, ou des autres, sans la permission écrite de l'auteur.

Ce livre est un travail de fiction. Toute référence aux évènements historiques, des personnes réelles, ou des places réelles est utilisée de façon fictive. Des autres noms, personnages, places et évènements sont produits de l'imagination de l'auteur, et toute similarité aux évènements réels ou des places ou des personnes, vivantes ou mortes, est complètement par coïncidence.

ISBN 978-1-7771486-8-3 (e-book)
ISBN 978-1-7771486-9-0 (hardcover)

Publié par Kallpa Publishing Inc.
Visitez-nous sur www.kallpapub.com

Vargas, Hans
Les Bonbons de Maman

C'est un samedi matin ensoleillé. Kiara se réveille très tôt, et très excitée, parce que c'est son anniversaire!

Kiara aura cinq ans aujourd'hui et elle est très contente parce que ses amis viendront célébrer son anniversaire.

Kiara cherche ses présents partout pendant que maman et papa dorment.

Quand Kiara cherche dans le garde-manger, elle se rend compte qu'il y a un sac de Gummy bears.

Kiara est très contente d'avoir trouvé les Gummy bears parce qu'ils sont ses favoris! Elle prend le sac et va directement regarder la télévision.

Kiara commence à sentir des nausées.
"MAMMAN !!!!" elle crie.

Maman et Papa trouvent Kiara sur le plancher, en transpirant et en criant, avec le sac de Gummy bears en main. Ils s'inquiètent.

Papa prend son cellulaire et appelle la ligne d'intoxication. Il dit, "ma fille de cinq ans a pris des gummy bears de cannabis !!!! Qu'est-ce que je fais ?!!!!"

La madame au centre d'intoxication leur explique avec une voix calme, "s'il vous plaît, calmez-vous et emmenez votre fille à l'hôpital le plus proche. Tout sera correct."

La maman et le papa de Kiara arrivent à l'hôpital et sont salués par la docteure Ruth. Elle leur demande de se calmer, et que tout sera correct.

La docteure Ruth assoit Kiara sur un lit d'hôpital et lui donne un verre de jus d'orange. Pendant ce temps, elle assure Kiara qu'elle se sentira mieux bientôt.

La docteure Ruth se rencontre avec les parents de Kiara et leur explique que Kiara sera correcte, mais les gummies de cannabis doivent être gardés hors de portée des enfants.

La docteure Ruth demande Maman, Papa et Kiara gentiment de s'assoir et de lui écouter avec attention. Les enfants ne doivent pas manger de la nourriture inconnue sans la permission de maman et papa.

Dans le chemin chez eux, Kiara promet Maman et Papa qu'elle ne va jamais prendre des choses sans avoir leur permission.

Alors, ils tous s'embrassent et marchent chez eux pour s'amuser dans la fête d'anniversaire de Kiara.

Le cannabis médical a lentement été accepté par plusieurs gouvernements autour du monde. Malheureusement, autant les gouvernements comme les adultes consommateurs ont besoin de trouver les moyens d'éduquer les enfants sur les tentations de manger des bonbons médicamentés au cannabis. Nous avons aussi besoin d'informer les adultes sur l'importance de ranger tous les produits médicaux légaux, ainsi que d'autres opioïdes, dans un endroit fermé hors de la portée des enfants.

Il y a encore beaucoup à apprendre sur les effets psychoactifs du cannabis et sur comment les réduire. Dans ce récit, la Docteure Ruth nous donne un exemple de comment le jus d'orange peut lentement diminuer les effets psychoactifs du THC.

Depuis la légalisation du cannabis, de nombreux adultes et enfants sont tombés dans le piège des bonbons infusés au goût sucré et d'autres types de nourritures modifiées. En conséquent, les hôpitaux ont été débordés de patients en panique ou anxieux. Heureusement, ce sont des effets qui ne durent que quelques heures et qui ne causent aucune situation mettant la vie en danger. Les médecins en sont au courant.

Continuons à combattre la stigmatisation.

www.ingramcontent.com/pod-product-compliance
Lightning Source LLC
Chambersburg PA
CBHW041108210426

43209CB00063BA/1856